Pour Tobias
Thomas Taylor

Pour ma grand-tante Eliza Louisa Walton,
qui a toujours une âme d'enfant,
et pour ma cousine Jane
Jill Barton

© 2011 - Éditions Mijade
18, rue de l'Ouvrage
B-5000 Namur

Traduction de Nelle Hainaut-Baertsoen

© 2011 - Thomas Taylor pour le texte
© 2011 - Jill Barton pour les illustrations
Titre original :
Little Mouse and the Big Cupcake
Boxer Books
(London)

ISBN 978-2-87142-735-3
D/2011/3712/05

Imprimé en Chine

Thomas Taylor
Souriceau et le Gâteau

Jill Barton

Mijade

Souriceau passait en trottinant
quand il découvrit…
un gâteau à la framboise
avec des pépites de chocolat !

« Chouette ! » s'exclama-t-il.
« Comme ce gâteau a l'air appétissant ! »

« Mais il est si GROS…
Comment vais-je pouvoir le ramener chez moi ? »

Un oiseau vint à sa rencontre.
« Peux-tu m'aider à transporter ce gâteau ? »
lui demanda Souriceau.

« Il est bien trop gros ! répondit l'oiseau.
Comment pourrais-je encore voler ? »

« Mais il est drôlement tentant !
Je peux en goûter quelques miettes,
s'il te plaît ? »

« Bien sûr », dit Souriceau.
Et l'oiseau picora
BEAUCOUP
de miettes de gâteau.

PIC
PIC
PIC
PIC!

Arriva une grenouille.
« Peux-tu m'aider
à transporter ce gâteau ? »
lui demanda Souriceau.

« Il est bien trop gros ! répondit la grenouille, je n'arriverais même pas à le soulever. »

« Mais il a l'air délicieux ! Je peux le goûter, s'il te plaît ? Juste une bouchée… »

« Bien sûr », dit Souriceau.
Et la grenouille mordit
une GROSSE bouchée.

MIAM MIAM!

Une taupe jaillit du sol juste à côté d'eux.
« Peux-tu m'aider à transporter ce gâteau ? »
lui demanda Souriceau.

« Il est bien trop gros ! répondit la taupe,
il resterait coincé dans une de mes galeries. »
« Mais… s'il te plaît,
je peux en grignoter un tout petit morceau ? »

« Bien sûr », dit Souriceau.
Et la taupe ouvrit
une GRANDE bouche.

SCROUNCH!

En un rien de temps, d'autres animaux étaient arrivés.

Il y avait là l'escargot et l'opossum et l'écureuil rayé.
Aucun d'entre eux ne put aider Souriceau,
mais tous demandèrent à goûter le gâteau.

Et Souriceau, qui avait bon cœur, les laissa tous goûter.

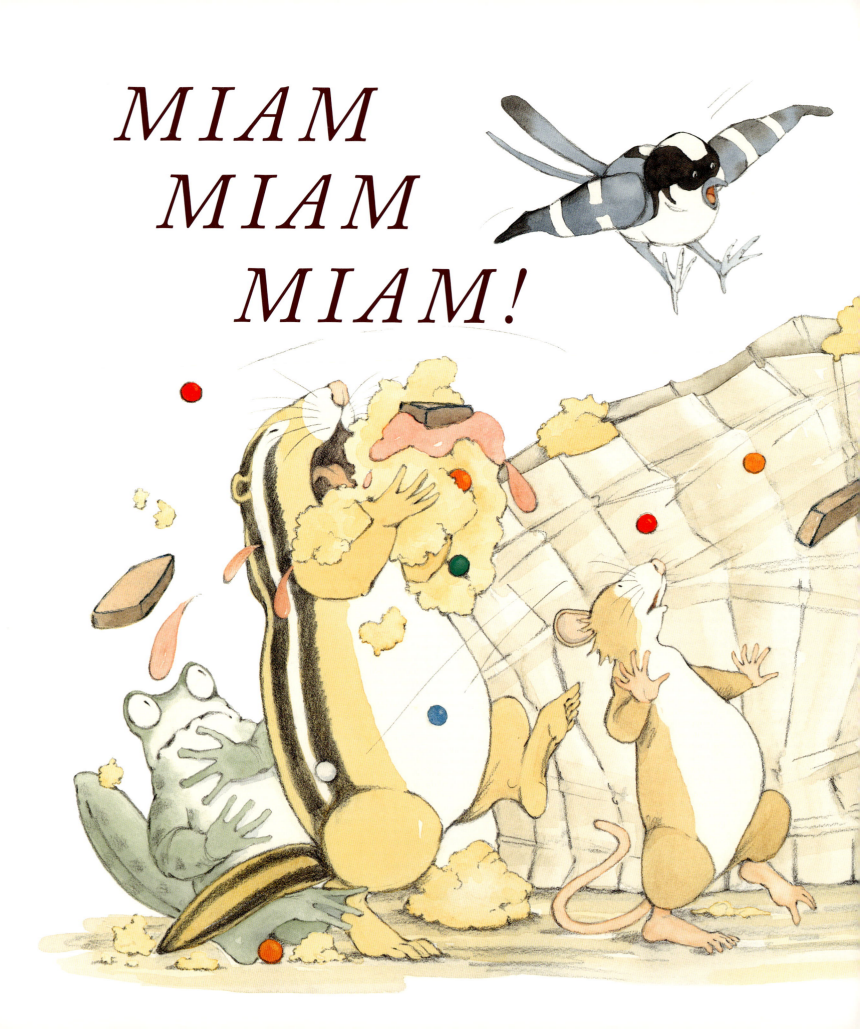

Souriceau était découragé.
Il ne voyait toujours pas
comment ramener le gâteau chez lui.

C'est alors qu'il s'aperçut
que le gâteau était devenu plus petit.
BEAUCOUP plus petit.

En fait, maintenant
il avait exactement la bonne taille.
« Cette fois, tu vas pouvoir l'emporter ! »
dirent tous les nouveaux amis de Souriceau.

« L'emporter ? »
s'écria joyeusement Souriceau.

« J'ai bien trop faim !
Je vais plutôt le manger tout de suite ! »

M m m m m m !